Género Fantasía

I0794281

Pregunta esencial

¿Cómo afectan tu vida los inventos y la tecnología?

El secreto del viejo baúl

Sindy Moya Chaves
ilustrado por Gastón Hauviller

Capítulo 1

Leticia

Ese día me levanté muy temprano, pues mis abuelitos me habían dicho la noche anterior que me tenían una sorpresa. Así que llegué corriendo al corral de las ovejas, nuestro lugar de encuentro. Mis abuelos sonrieron cuando me vieron llegar presurosa y me señalaron una preciosa ovejita recién nacida. El abuelo dijo:

—Leticia, de ahora en adelante, cuidarás de esta ovejita.

—¡En serio es para mí! ¡Muchísimas gracias! Se llamará Sami y la cuidaré como si fuera mi pequeño tesoro —grité saltando de alegría.

A Sami le encantan las verduras que mi abuelo prepara. Disfruta que le lave y cepille su espeso pelambre y que juegue con ella en el campo. En las noches nos sentamos junto a la chimenea para no sentir frío y escuchamos juntas las historias de mis abuelos. ¡Qué divertido es ese plan!

Sami se entristece un poco cuando me voy a la escuela. Siempre se queda esperándome junto a la puerta de la casa. Apenas llego, me siento a su lado y le cuento todas las aventuras que paso con mis amigos, lo que he aprendido en las clases y las tareas que debo hacer. Sus ojos se iluminan de inmediato en medio de su carita parecida a un blanco copo de algodón.

En mis ratos libres ayudo a mis abuelos con las labores de la granja. Sami siempre va conmigo. Me gusta mucho regar las hortalizas y las legumbres de la huerta. Juego a identificar los diferentes tonos de verde. ¡Hay tantos como plantas! Por ejemplo, he descubierto que el verde de las arvejas me recuerda algo frío y granuloso, mientras que el de las acelgas es cálido y suave. También me gusta ver a mi abuelo con su carretilla llevando el abono, que cobija y arrulla las plantas, para que crezcan sanas y fuertes.

Mis abuelos son unos expertos en plantas y cada día me enseñan algo nuevo sobre ellas. Hoy aprendí que la calabaza necesita del sol, pero que su enemigo es el viento. Nuestras calabazas ya casi están listas para recoger.

Sé que a Juan le gustan las calabazas en todas sus presentaciones, especialmente en forma de pastel. Así que le llevé la más gorda y colorida que creció en la huerta. Juan es el hijo de los vecinos y es mi mejor amigo. Los dos jugamos en las tardes después de terminar nuestros deberes. Es un chico genial que conoce un gran número de juegos y también hace música con cualquier cosa que se encuentre.

Hace unos días jugamos a las canicas. Primero tuvimos que moldear bolas redondas en arcilla y luego hicimos un hueco en la tierra. La idea era hacer rodar las bolitas de arcilla para que cayeran en el hueco.

Otro día, Juan me mostró su nuevo instrumento musical. A un trozo de caña le introdujo varias semillas. Al sacudirlo, las pepitas sonaban de manera aguda como el sonido de la lluvia al golpear el techo de la casa de los abuelitos. El sonido era tan suave y tranquilizante que Sami se quedó dormida en mi regazo.

También les ayudo a mis abuelos en la cocina. Antes de cocinar, se debe traer carbón y trozos de madera para encender la estufa. Esto les toma poco tiempo a mis abuelos, pero en realidad no es tan fácil como parece. Siempre imagino figuras en el humo que sale de la chimenea de la cocina. A veces parecen grandes árboles. Otras veces veo animales, formas geométricas o seres fantásticos.

A Sami y a mí nos encanta el pastel de zanahoria. Ya sé prepararlo con la ayuda del abuelo. Primero rallo las zanahorias, luego las mezclo con harina, agrego huevos, mantequilla y azúcar. Mi abuelo pone la mezcla en el horno y después de unos minutos está listo. ¡Queda delicioso!

Lo que mejor hace mi abuelita es tejer con la lana que se esquila de las ovejas. Los trabajadores de la granja retiran la lana sin problema, pero les toma un buen tiempo. Mi abuela usa esta lana para tejer cobijas suaves y calientitas. He estado aprendiendo a tejer pero se me enreda mucho la lana. Mi abuelita se ríe cuando eso pasa, pues termino con lana hasta la cabeza.

Como pueden ver mis días son muy atareados, no me puedo quedar quieta ni un instante. Me muevo de un lado para otro, hago una cosa y otra, así hasta que me quedo profundamente dormida.

Capítulo 2

El baúl mágico

Los fines de semana paso varias horas en el estudio. Allí hay miles de cosas con qué jugar: libros muy antiguos, piezas hechas en madera, en piedra o en cerámica y cajones llenos de elementos para escudriñar.

Un día, mientras curioseaba en el atiborrado estudio de la casa, encontré una llave alargada y antigua. Busqué por todos lados la cerradura que abría la llave, pero no la encontré. Busqué en los diferentes cajones y en los armarios de la casa. También intenté con todas las puertas, pero nada.

Después de una búsqueda intensiva, descubrí un excéntrico baúl, grande y antiguo, en el ático de la casa. Estaba lleno de polvo y tenía unas letras raras y extravagantes grabadas en la tapa.

Cuando abrí la tapa, una luz blanquecina llenó el ático y mi espíritu de aventurera me motivó a meterme en el baúl para investigar.

Apenas entré, la tapa se cerró y el baúl empezó a moverse primero, de manera lenta y luego, fue más y más rápido. Yo no entendía qué pasaba, solo sentía cómo se desplazaba en el espacio a gran velocidad.

El baúl se detuvo de inmediato y la tapa se abrió automáticamente. Salí de él y guardé la llave en mi bolsillo pensando que la única manera de regresar a casa era metiéndome de nuevo en el baúl. Me encontraba en un lugar desconocido y todo estaba lleno de máquinas extrañas que parecían venir de diferentes países y que se afanaban en realizar diferentes tareas.

La primera máquina que vi arreglaba el césped de una casa. Lo hacía de manera ordenada de izquierda a derecha y luego de arriba abajo. Me quedé observándola y al terminar, el césped estaba perfecto. Incluso tenía algunas formas ondulares marcadas que lo hacían ver muy bonito.

Luego noté una máquina que organizaba el tráfico. Mientras unos carros paraban, otros avanzaban; todo al ritmo de las luces de esta maquinita colgada en el aire.

Al voltear mi cabeza observé otras máquinas que parecían japonesas y que llevaban alimentos a las casas de las personas. La gente abría las puertas y todo estaba allí, listo, preparado y calientito. Pude ver a través de una ventana que se sentaban a la mesa y empezaban a comer. En realidad las personas que habitaban este lugar no tenían que realizar ninguna tarea, sino que dependían de aquellas exitosas maquinitas que hacían todo a la perfección.

Decidí quedarme por unos días para conocer el lugar. Estaba asombrada por toda esa tecnología que ayudaba a las personas a realizar sus labores.

Descubrí una estufa americana que no necesitaba carbón y que, con solo mover un botón, cocinaba los alimentos. Pensé en mi abuelo y en lo útil que esto podría ser para él, pero, como era muy grande, no la podía cargar.

Encontré una máquina colombiana que podía cortar la lana de las ovejas. "Seguro que a mi abuela le serviría mucho", pensé, pero reconocí que tampoco podía llevarla conmigo... Tenía unas pinzas más grandes que yo.

Había una caja musical que reunía todos los instrumentos de viento, cuerda y percusión, pero yo necesitaría mucha fuerza para poder cargarla. Era imposible llevarla conmigo y regalársela a Juan.

Así que empecé a buscar máquinas pequeñas que pudiera llevar conmigo y que, a la vez, fueran excelentes regalos para mis abuelos y para Juan.

Detective del lenguaje

La palabra subrayada es un gentilicio. Busca otros gentilicios en esta página.

Para mí, las máquinas más sorprendentes eran las pequeñas luces viajeras que se encendían en la noche. Iluminaban todas las calles y las casas como si fuera de día. Además producían diferentes colores que se reflejaban en el cielo.

Los habitantes del lugar parecían dedicados a construir más y más maquinitas. Pude ver que primero hacían los bocetos y que había diseños y dibujos de aparatos regados por doquier. Al parecer, todos debían conocer sobre ingeniería y desarrollar nuevas tecnologías constantemente.

Finalmente encontré los regalos perfectos para llevar a mi casa. Una máquina que ayudaría a mi abuela a sentirse más relajada pues hacía unos masajes deliciosos en los pies y en la espalda. Además, también peinaba y maquillaba. El regalo para mi abuelo lo ayudaría en la cocina porque podía fabricar un montón de utensilios para pelar, sazonar y cocinar. El regalo de Juan lo llevaría a lugares desconocidos. De hecho, se parecía un poco a mi baúl. Sami, por supuesto, también tendría un regalo.

Capítulo 3

De regreso a casa

Después de algunos días era el momento de regresar. Había hecho un recorrido por la ciudad para conocer a la gente y a las máquinas. Allí dormí en camas llenas de agua que hacían masajes, comí recetas preparadas en menos de cinco minutos. También usé mi ingenio en juegos de estrategia contra las maquinitas más infantiles. Este había sido un viaje maravilloso. Pero mi vida en el campo me esperaba con mi oveja, las historias de mis abuelos y los juegos con Juan. Tenía muchas ganas de regresar porque los extrañaba mucho.

Entonces busqué el baúl en el lugar donde lo había dejado cuando llegué. Estaba en una esquina, escondido dentro de una caseta abandonada. Este baúl maravilloso se había convertido en un carruaje antiguo que me llevaba de un mundo a otro. Saqué la llave de mi bolsillo, la metí en el candado del baúl y me metí de nuevo allí. La tapa se cerró y en un instante volví a la casa de mis abuelos.

Al salir del baúl me encontré con mis abuelos. Estaban de pie, frente a él. Ya sabían que me había metido allí y me estaban esperando.

—Leticia, ¡sabíamos que siendo una aventurera, encontrarías el baúl y te irías a conocer nuevos mundos! —dijo mi abuelo emocionado.

—¿Te gustó lo que viste? —preguntó intrigado.

Luego de comer a la luz de las velas y de encender la chimenea para evitar el frío, les empecé a contar sobre mis aventuras en ese mundo de tecnología. Me escucharon atentos y parecían asombrados por mis detalles.

—Han avanzado mucho —dijo mi abuela.

Y empezó a contarme su propia experiencia en aquel mundo cuando siendo niña se metió en ese baúl.

—Leticia, al cumplir 10 años, las niñas pueden hacer este viaje —me explicó—. Como yo, tú también tuviste la oportunidad de hacerlo.

Esa noche la abuela y yo compartimos nuestras historias, mientras Juan y el abuelo escuchaban atentos todo lo que teníamos que decir de ese mundo. Después de un largo rato, les entregué los regalos que les había traído.

El primer regalo que saqué fue el de la abuela. Era una maquinita, cuadrada que tenía dos bracitos delgados que salían al oprimir un botón. Estos brazos se estiraban y quedaban pegados a un cuerpo cuadrado. Una vez que se encendía, los brazos empezaban a sacar diferentes instrumentos del interior del cuerpo.

La maquinita empezó a peinar el cabello de la abuela. Ella tenía el pelo muy largo y con algunas canas, y casi siempre lo llevaba recogido. La maquinita lo soltó y le hizo un peinado muy elaborado, enrollando algunas partes y dejando otras sueltas.

Luego de peinarla, empezó a sacar pequeños pinceles de su cuerpo metálico y los llevaba al rostro de mi abuela. Le pintó los labios de rosado pálido y los hizo brillar. Puso colores sobre sus párpados, alargó y enrolló sus pestañas hacia arriba y volvió sus mejillas más rosaditas.

Finalmente, los bracitos de la máquina se estiraron sobre los cansados hombros de mi abuela y empezaron a moverse de un lado a otro y de abajo hacia arriba. Ella empezó a reírse a carcajadas porque le hacían cosquillas.

Detective del lenguaje	**El verbo subrayado está en infinitivo. Busca otros verbos en infinitivo en esta página.**

El siguiente regalo fue el del abuelo. Era una máquina muy liviana que, gracias a una palanca, sacaba tarjetas de colores. Cada tarjeta tenía una receta diferente. Mi abuelo halaba la palanca y salía una receta nueva. Cuando las leyó, notó que no tenía los utensilios domésticos necesarios para preparar esos manjares.

Le mostré un botón rojo que tenía en la parte de atrás. Al oprimirlo, la maquinita se movía y producía unos sonidos fuertes en su interior. Unos pocos segundos después, salía por una ranura inferior un utensilio nuevo. Podía fabricar cualquier aparato doméstico que mi abuelo necesitara.

Con esta máquina, él sería el precursor de los utensilios domésticos en el campo y el primero en usarlos. Con seguridad, los compartiríamos con los demás vecinos, para facilitar el proceso de cocinar.

El regalo para Juan fue una máquina que contaba cuentos. La máquina tenía unas antenitas redondas que Juan podía ponerse sobre la cabeza y que cubrían sus orejas. La máquina empezaba a contarle cuentos que mi amigo nunca antes había escuchado. Ahora, además de hacer música, podría escuchar cuentos sobre mundos imaginarios. Podría viajar con su mente a otros lugares y vivir emocionantes aventuras a través de las historias.

Y para Sami encontré una máquina perfecta. Era redondita y al abrirla sacaba unos dientes pequeños y juntitos que cepillaban su lana. Era muy fácil de usar y me ayudaría a desenredar ese gran pelambre. Además traía lazos, hebillas, gel y escarcha de colores con los que le podía hacer diferentes peinados. También incluía un espejito en el que Sami se quiso mirar. Noté que le gustó el regalo porque desde que vio su pelambre peinado y lleno de colores, he tenido que hacerle un peinado diferente cada día.

De vez en cuando recuerdo ese otro mundo que conocí. Y ahora, mis abuelos incluyen en sus historias nocturnas pasajes sobre mundos extraños llenos de máquinas que hacen todas nuestras tareas. Me gusta imaginar esos mundos, pero soy feliz en el mundo donde vivo. Ayudo a mis abuelos en la granja, voy a la escuela, hago mis tareas y juego con Juan y Sami. Así soy muy feliz.

Respuesta a la lectura

Resumir

Usa detalles importantes de *El secreto del viejo baúl* para resumir el cuento. Puedes usar el organizador gráfico como ayuda.

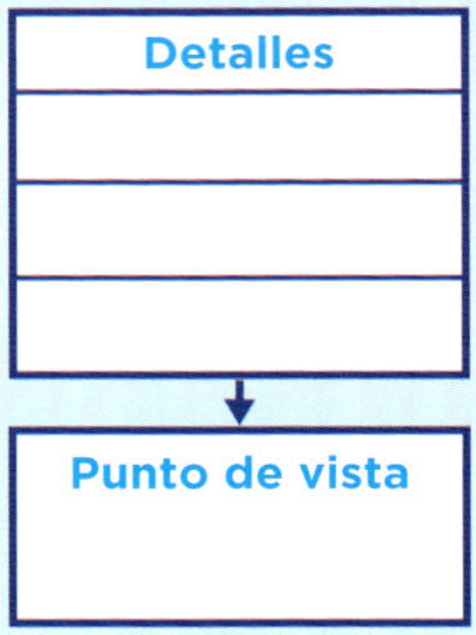

Evidencia en el texto

1. ¿Cómo sabes que *El secreto del viejo baúl* es fantasía? Identifica tres características del cuento que te permitan determinarlo. **GÉNERO**

2. Vuelve a leer el capítulo 3. Identifica quién lo narra y describe su punto de vista. **PUNTO DE VISTA**

3. Encuentra un sinónimo de *lana* en la página 15. **SINÓNIMOS**

4. Vuelve a escribir un pasaje del cuento, pero contado desde el punto de vista del abuelo de Leticia. **ESCRIBIR SOBRE LA LECTURA**

Género Texto expositivo

Compara los textos

Lee sobre el desarrollo de la tecnología en la lavandería.

Historia del lavado

Actualmente, lavar la ropa es fácil. ¡Tenemos lavadoras y secadoras que hacen todo el trabajo!

En la época de la abuela de Leticia, lavar la ropa era muy diferente. Era una enorme tarea que tomaba todo el día.

Lavar a mano

Tradicionalmente, la mayoría de la ropa se lavaba a mano. Hace cientos de años, los romanos crearon vestíbulos grandes llamados *fullonicas*, similares a las lavanderías automáticas modernas. La ropa se remojaba en piletas. Se usaba arcilla para ayudar a sacar la grasa de la ropa. Los trabajadores saltaban sobre la tela para sacar la suciedad.

En la época de la abuela de Leticia, las personas usaban una tabla de lavar y un cepillo de fregar para sacudir o fregar la suciedad de la tela.

The McGraw-Hill Companies, Inc. / Jacques Cornell photographer

¡Lavar con jabón!

La forma como la gente lavaba la ropa cambió cuando se pudo conseguir jabón. El jabón era una nueva manera de descomponer la grasa y la suciedad. En el siglo XVII, los colonizadores de Estados Unidos hacían jabón a partir de ceniza y grasa animal. El jabón limpiaba la ropa, pero no olía bien.

En el siglo XIX, comenzó la industria del jabón en Estados Unidos. El jabón estaba hecho a partir de grasa animal o aceites vegetales. Sin embargo, era costoso y no fue sino hasta el siglo XIX que la gente común y corriente pudo permitirse comprarlo.

©Keystone/CORBIS

©Genevieve Naylor/CORBIS

Facilitar la carga

El invento de las máquinas de lavar en el siglo XX facilitó el lavado de la ropa. Las primeras mácuinas de lavar usaban remos para mover la ropa.

En 1908, Alva Fisher inventó la primera máquina de lavado con motor eléctrico. Las máquinas eléctricas se hicieron comunes durante la década de 1930, cuando la electricidad estuvo ampliamente disponible. En 1937, se introdujo la primera máquina automática de lavado, similar a la que usamos hoy en día.

Actualmente, las máquinas de lavado funcionan al presionar un botón. Las nuevas máquinas también usan menos agua y electricidad. Todas estas mejoras hacen que lavar sea un trabajo fácil.

¿? Haz conexiones

¿Qué importancia tuvo el uso de la electricidad en los cambios en la tecnología de lavandería? **PREGUNTA ESENCIAL**

En *El secreto del viejo baúl* vimos cómo se tenía que encender la estufa con carbón y en *Historia del lavado* vimos cómo se lavaba la ropa antiguamente. Menciona dos ejemplos de tareas que sin ayuda de la tecnología tomarían mucho tiempo. **EL TEXTO Y OTROS TEXTOS**

Enfoque:
Género

Fantasía Los cuentos de fantasía describen cosas que no son posibles en la vida real. Algunas fantasías tienen lugar en mundos antiguos con dragones y tesoros. Otros cuentos de fantasía tienen un ambiente moderno e incluyen animales que hablan o viajes a través del tiempo y el espacio.

Lee y descubre Un cuento de fantasía generalmente incluye personajes, sucesos u otros objetos que le muestran al lector que el cuento no podría ocurrir en la vida real. Encuentra detalles del cuento que te indiquen que *El secreto del viejo baúl* no podría ocurrir en la vida real.

Tu turno

Trabaja individualmente o con un compañero y piensa en otro suceso relacionado con la tecnología y con Leticia que hubiese podido pasar en el cuento. Por ejemplo, Leticia pudo haber traído otra máquina para facilitar otra labor en la granja o en su casa.

Dibuja la familia de Leticia. Usa detalles del cuento que te ayuden y piensa sobre el punto de vista que mostrarás.